L'arbre de

Texte : Agnès de Lestrade

Illustrations : Mathilde Lebeau

Deux niveaux de lecture

Lire des phrases → : lecteur débutant

Lire un texte : lecteur confirmé ou adulte

Le papier de cet ouvrage est composé de fibres naturelles, renouvelables, fabriquées à partir de bois provenant de forêts gérées de manière responsable.

Nathan

Lara et Rami adorent passer les vacances chez leurs grands-parents, Mamili et Papilou. Aujourd’hui, Lara veut aller se promener avec Rami dans la forêt au bout du jardin.

– D’accord, dit Mamili.
Mais n’allez pas trop loin !

→ Lara est une fille.
Rami est un garçon.

– Si on faisait une cabane ? propose Lara.
– Bonne idée ! répond Rami.
– Ramasse des feuilles. Moi, je cherche des branches, dit Lara.
Et Lara prend le petit chemin de terre qui mène à la clairière.

⇥ Lara est dans la forêt avec Rami.

Tout à coup, un grand
« CRACK » se fait entendre.
Lara lève la tête et s'aperçoit
que le ciel s'est couvert de nuages.
Puis elle entend un cri.
C'est la voix de son petit frère !
– Lara ! Lara !
Elle se met alors à courir.
– Rami ! Rami ! appelle-t-elle.

→ Rami hurle.

Bientôt, elle rejoint son petit frère. Il est assis sur une souche d'arbre et il pleure.

– Lara ! J'ai peur !

À cet instant, une petite branche sur la souche se met à pousser, pousser… La branche grossit, grandit et s'étire vers le ciel, entraînant Rami avec elle.

– Lara ! Au secours ! hurle Rami.

→ Rami est dans l'arbre.

La voix de Rami
est de plus en plus lointaine.
– Tiens bon Rami ! hurle Lara.
Je vais chercher de l'aide.
À cet instant, une pie se pose
sur l'épaule de Lara.
– Cet arbre n'est pas méchant, dit la pie.
Il veut simplement retrouver son ami.
– Son ami ? Quel ami ? s'exclame Lara,
les larmes aux yeux.

→ Lara parle avec une pie.

– Autrefois, cet arbre avait pour ami un petit garçon. Un jour, ce petit garçon a dû partir loin. L'arbre n'a pas supporté de perdre son ami. Il s'est mis à rétrécir. Jusqu'à devenir une souche morte. Il a juré qu'il repousserait le jour où des larmes de petit garçon l'arroseraient.

→ L'arbre a un ami.

– Est-ce que ton frère a pleuré ? demande l'oiseau.
– Oui, il a pleuré. À cause de l'orage.

– Alors, voilà pourquoi l'arbre a poussé. Pour sauver ton frère, tu dois retrouver ce petit garçon que l'arbre aimait tant.
– Mais… comment ? demande Lara.
– Dans la forêt, des indices t'y aideront.
Et l'oiseau s'envole, laissant Lara seule et désespérée.

→ **Lara est triste.**

Soudain, Lara entend une voix :
– Si tu as besoin de moi, je peux t'aider.
À ses pieds, elle aperçoit un petit écureuil.
– Je m'appelle Lamiru. Mon arrière-grand-père, Pépé Crunchi, peut t'aider. Suis-moi !
Et Lamiru se met à courir dans la forêt.

Lara parle avec Lamiru.

Lara arrive chez Lamiru.
– Bonjour monsieur Crunchi, dit Lara.
– Bonjour fillette, répond Pépé Crunchi.
Je veux t'aider à sauver ton frère.
Pour cela, j'ai une chose à te dire.
Le petit garçon qui a dû partir loin
avait un tout petit grain de beauté
en forme d'étoile sur la main.
Maintenant, va voir monsieur Lapin,
il a un autre indice à te donner.

→ L'ami de l'arbre a une petite étoile sur la main.

Lamiru emmène Lara chez monsieur Lapin.

– Le nom du petit garçon que tu cherches est écrit sur le tronc de l’arbre, lui dit monsieur Lapin.

Lara court en direction de l’arbre. Quand elle arrive, au début, elle ne voit rien. Puis, en soulevant un morceau d’écorce, elle lit « Malou ». Soudain, elle comprend. Malou, le petit garçon avec une étoile sur la main, c’est Papilou !

L’ami de l’arbre, c’est Papilou !

Lara se précipite vers
la maison de ses grands-parents.
– Papilou ! hurle Lara.
– Lara, qu'est-ce qui se passe ?
Où est Rami ?
Lara respire un grand coup. Puis elle dit :
– Viens vite ! Il est prisonnier de ton arbre !
Ensemble, ils courent vers l'arbre
qui a emporté Rami si haut dans le ciel.

→ Lara parle de l'arbre à Papilou.

– Rami ! hurle Papilou.
Je vais te sortir de là !
Et Papilou s'approche de l'arbre.
Il caresse son écorce et il pleure.
– Je suis là, mon arbre.
C'est moi, Malou. Je suis revenu.
À cet instant, l'arbre se met
à rétrécir. Bientôt, il reprend
la taille des autres arbres
de la forêt.

→ Papilou murmure à son arbre : « Je suis revenu ».

Rami descend doucement.
Puis il saute sur la terre ferme.

– Rami ! s'écrie Lara en se jetant dans ses bras.

– J'ai eu peur, mais pas trop ! Cet arbre est gentil, il m'a protégé avec ses feuilles quand il pleuvait.

Papilou serre Rami bien fort dans ses bras.

→ Rami est revenu près de Lara.

– Lara, Rami, voici mon arbre.
Quand j'étais petit, il me consolait quand j'avais du chagrin. Quand j'ai dû partir loin, j'ai écrit mon nom sur son tronc. Et je lui ai promis qu'un jour on se reverrait. Quand vous êtes nés, je suis revenu vivre ici. Et j'ai découvert que mon arbre était mort de chagrin parce que je l'avais abandonné.

→ Papilou est ému.

– Aujourd’hui, j’ai tenu ma promesse. Et c’est grâce à vous les enfants.

Soudain, Rami a une idée.

– Papilou, si on écrivait nos prénoms à côté du tien ?

– Quelle bonne idée, dit Papilou en caressant le tronc rugueux de son arbre ami.

→ L’arbre a des amis : Papilou, Lara et Rami.

Doc

L'habitat des

L'écureuil vit dans un nid.

© Dean Mitchell / Shutterstock

un écureuil

© Anthony Leclerc / Biosphoto

un nid

animaux de la forêt

© Song Heming / Shutterstock

La fourmi vit dans une fourmilière.

une fourmi

une fourmilière

© Pascal06 / Fotolia.com

© V. Borisov / Shutterstock

L'oiseau vit dans un nid.

un oiseau
(un geai)

© Innocent / Fotolia.com

un nid

un terrier

un lapin

Le lapin vit dans un terrier.

L'arbre

le tronc

l'écorce

une souche

un bourgeon

une feuille d'arbre

une feuille de papier

La nature

une forêt

une clairière

un verger

un nuage

la pluie

un orage

Les sentiments

le chagrin

la tristesse

la peur

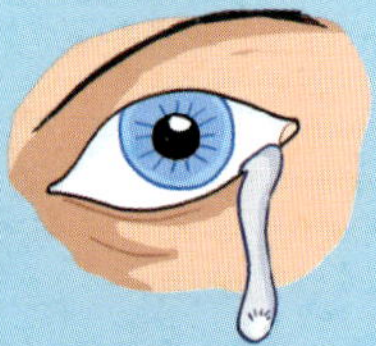

pleurer

consoler

protéger

Conforme à la loi du 16 juillet 1949 sur les publications destinées à la jeunesse.
ISBN : 978-2-09-122702-3

MIXTE
Papier issu de sources responsables
FSC® C022030

N° de projet : 10193536
Dépôt légal : janvier 2013
Imprimé en France par I.M.E. - 25110 Baume-les-Dames